BEI GRIN MACHT SICH IHR WISSEN BEZAHLT

- Wir veröffentlichen Ihre Hausarbeit, Bachelor- und Masterarbeit

- Ihr eigenes eBook und Buch - weltweit in allen wichtigen Shops

- Verdienen Sie an jedem Verkauf

Jetzt bei www.GRIN.com hochladen und kostenlos publizieren

Sabine Neureiter

Der Nilhymnus: Lobpreis an Hapi

GRIN Verlag

Bibliografische Information der Deutschen Nationalbibliothek:

Die Deutsche Bibliothek verzeichnet diese Publikation in der Deutschen National-
bibliografie; detaillierte bibliografische Daten sind im Internet über http://dnb.d-
nb.de/ abrufbar.

Dieses Werk sowie alle darin enthaltenen einzelnen Beiträge und Abbildungen
sind urheberrechtlich geschützt. Jede Verwertung, die nicht ausdrücklich vom
Urheberrechtsschutz zugelassen ist, bedarf der vorherigen Zustimmung des Verla-
ges. Das gilt insbesondere für Vervielfältigungen, Bearbeitungen, Übersetzungen,
Mikroverfilmungen, Auswertungen durch Datenbanken und für die Einspeicherung
und Verarbeitung in elektronische Systeme. Alle Rechte, auch die des auszugsweisen
Nachdrucks, der fotomechanischen Wiedergabe (einschließlich Mikrokopie) sowie
der Auswertung durch Datenbanken oder ähnliche Einrichtungen, vorbehalten.

Impressum:

Copyright © 2009 GRIN Verlag GmbH
Druck und Bindung: Books on Demand GmbH, Norderstedt Germany
ISBN: 978-3-656-50789-5

Dieses Buch bei GRIN:

http://www.grin.com/de/e-book/262179/der-nilhymnus-lobpreis-an-hapi

GRIN - Your knowledge has value

Der GRIN Verlag publiziert seit 1998 wissenschaftliche Arbeiten von Studenten, Hochschullehrern und anderen Akademikern als eBook und gedrucktes Buch. Die Verlagswebsite www.grin.com ist die ideale Plattform zur Veröffentlichung von Hausarbeiten, Abschlussarbeiten, wissenschaftlichen Aufsätzen, Dissertationen und Fachbüchern.

Besuchen Sie uns im Internet:

http://www.grin.com/

http://www.facebook.com/grincom

http://www.twitter.com/grin_com

Der Nilhymnus - Lobpreis an Hapi

Erstmals publiziert in:
Kemet - Die Zeitschrift für Ägyptenfreunde,
Ägypten, ein Geschenk des Nil,
Bd. 1, 2009, Kemet Verlag, Berlin, 37ff
(www.kemet.de)

von

Sabine Neureiter, M.A.

Vorwort

Bei meinen Kemet-Artikeln handelt es sich um Texte, in denen ich versuche auf wenigen Seiten viele Informationen zu liefern. Der inhaltliche Rahmen ergibt sich aus dem Titel-Thema der jeweiligen Kemet-Ausgabe. Alle Artikel in den Kemet-Magazinen sind bebildert; die Fotos ergänzen die Texte.

Mir war bei jedem einzelnen Artikel wichtig, nicht lediglich schon bekannte und überall nachzulesende Informationen zusammenzustellen und nachzuerzählen. Ich betrachte alle Themen aus einer über den Tellerrand der Ägyptologie hinausgehenden Perspektive und stelle oftmals Thesen in den Raum, die eine Diskussion anstoßen sollen. Es handelt sich dabei aber immer um begründete und nicht aus der Luft gegriffenen Überlegungen.

Für viele meiner Artikel bilden ethnologische, soziologische oder religionswissenschaftliche Ansätze den Rahmen, um alternative Sichtweisen zu ermöglichen. Dabei gehe ich durchaus – aus ägyptologischer Sicht – etwas provokativ an ein Thema heran. Aber immer nur mit dem Ziel, neue oder unbekanntere Aspekte darzustellen.

Um altbekannter Kritik von vornherein entgegenzutreten: Grundsätzlich ist ein über räumliche und zeitliche Grenzen hinwegreichender Kulturvergleich ebenso statthaft wie ein sich ausschließlich an die Originalquellen haltender Versuch, Erkenntnisse über die altägyptische Kultur zu gewinnen. Das Argument, es handle sich bei dem einen um eine anachronistische und bei dem anderen um die einzig akzeptable Vorgehensweise, greift nicht. Denn schließlich findet auch das sprachwissenschaftlich fundierte Interpretieren einer altägyptischen Originalquelle alles andere als zeitnah zu ihrer Entstehung statt. Und eine Quelle aus der ägyptischen Spätzeit ist immerhin auch schon zweitausend Jahre jünger als etwa eine aus der Pyramidenzeit, so dass die Interpretationsergebnisse der jüngeren Quelle als anachronistisch bewertet und zum Verständnis der älteren nicht herangezogen werden dürften, wollte man dieser Argumentation folgen.

Nicht nur der Kulturvergleich, sondern gerade auch der interdisziplinäre Ansatz erweitert unseren Verstehenshorizont. Dann finden sich Antworten auf Fragen, die sich aus ägyptologischer Sicht nie stellen würden und werfen Licht auf unbeachtete oder unbekannte kulturelle Phänomene. Auch scheinbar wissenschaftlich längst bearbeitete Bereiche müssen immer wieder auf den Prüfstand; allein, weil jedem Wissenschaftler und jeder Wissenschaftlerin eine subjektive Sichtweise zueigen ist und jeder Versuch, Subjektivität aus der Arbeit auszuschließen und reine Objektivität walten zu lassen, niemals gelingen kann.

Letztendlich kann es immer nur darum gehen, ein weiteres kleines Fenster zum Verständnis der altägyptischen Kultur aufzustoßen.

Der Nilhymnus - Lobpreis an Hapi

Hapi - Gott der Nilüberschwemmung

Hapi personifiziert die Nilflut und die Fruchtbarkeit, die der Nilschlamm mit sich bringt. Folglich beschreiben seine Beiworte ihn als „Herrn der Opfer", als den „der die Kräuter gedeihen lässt" oder „der ihnen das Korn bringt". Ihm ist kein eigener Tempel geweiht, in dem ein regelmäßiger Kult - von einer eigenen Priesterschaft - hätte durchgeführt werden können. Es gibt kaum Darstellungen, die zeigen, wie Hapi Opfer empfängt. Es ist vielmehr so, dass er - seinem Wesen entsprechend - abgebildet wird, wie er dem König oder anderen Göttern Opfer darbringt. Und eben aus diesem Grund steht er in großen Ehren: Hapi ist der Ernährer.

Königtum und Nilüberschwemmung

Königtum und Fruchtbarkeit sind eng miteinander verbunden. Vom Tag seiner Thronbesteigung an sorgt der König für Maat, für das bei der Schöpfung eingerichtete Gleichgewicht der Welt. Die regelmäßig wiederkehrende, Leben spendende Nilflut ist ein Ausdruck dieser allumfassenden und in Gang zu haltenden Harmonie. So liest man in der „Lehre Amenemhets I. für seinen Sohn" folgende Zeilen: „Ich war einer, der Getreide schuf, ein Liebling des Korngottes. Die Nilflut erwies mir Achtung auf jedem offenen Feld. Man hungerte nicht in meinen Jahren und man dürstete nicht in ihnen". In dem „Lied auf die Thronbesteigung Merenptahs" heißt es: „Das Wasser steht und versiegt nicht, die Überschwemmung steigt hoch. Die Tage sind lang, die Nächte haben Stunden, der Mond kommt zur rechten Zeit". Und auch in dem „Lied auf die Thronbesteigung Ramses' IV." wird die - ideal ausgefallene - Nilüberschwemmung als ein Zeichen für die Heil bringende Herrschaft des neuen Königs beschrieben: „Ein hoher Nil ist aus seinem Quelloch getreten, um die Herzen des Volkes zu erfrischen".[1]

Der König wurde nicht nur als Garant der jährlichen Überschwemmung betrachtet, sondern darüber hinaus sogar mit dem Nil identifiziert.[2] Als Gott bringt der König dem Land Fruchtbarkeit. Er ist Hapi, der Ernährer.[3] Doch der Gnade folgt Schrecken, denn „Herrschaft muß huldreich aber auch schrecklich sein, genau wie Sonne und Nil gnädig sind und doch in ihrer tatsächlichen Gewalt Furcht erregen".[4]

Der Nilhymnus bewegt sich m.E. genau um diese beiden Pole des Göttlichen – es erschafft

---

[1] Übersetzungen s. Hellmut Brunner, Altägyptische Weisheit, 1988, 176 und Jan Assmann, Ägyptische Hymnen und Gebete, ÄGH, 1975, 497 und 498

[2] Insbesondere Echnaton wird immer wieder als Hapi gepriesen. Zur „Prädikation" Echnatons als „Nil", „hoher Nil" und „Millionen Nile" s. Jan Assmann, Theologie und Weisheit im alten Ägypten, 2005, 149

[3] S. z.B. die Doppelstatue Amenemhets III. als Fruchtbarkeit bringender Nilgott (heute im Ägyptischen Museum in Kairo). Dargestellt ist der König - zweifach - wie er Nilfische und Wasserpflanzen darbringt

[4] John A. Wilson, in: H. Frankfort et al., Alter Orient – Mythos und Wirklichkeit, 1981, 80f

und zerstört. Carl Heinz Ratschow schildert die Wirkung dieser Macht auf den Menschen und dessen Machtlosigkeit angesichts dieser Gewalt: Die Epiphanie eines Gottes, sein Hervortreten, „bietet sich als mit der Weltnot befasste Gestalt dar. Das muß nicht menschhafte Gestalt sein. Das kann auch Pflanze, Tier und Gerät sein. Aber es ist Gestalt mit beziehbarem Namen, bestimmter Zeit und Ort, d.h. es ist wieder auffindbare Gestalt oder Wesen, zu dem man beten kann!". Das Erscheinen einer Gottheit hat aber auch zur Folge, dass der Mensch „überwältigt von der Impression von Nicht-Welt zusammenbricht", denn sie trägt die „Kennzeichen einer überlegenen Andersartigkeit" an sich und vereint in ihrem Wesen Liebe und Zorn, Huld und Versagung, also „spielt stets hinüber ins ‚Dämonische'". Der Mensch, so Ratschow, „steht unter der Epiphanie als einer da, der die tiefe Bedrohtheit seiner Welt wie seiner selbst tief empfindet". Dieses „Dämonische" geht auch vom König aus, denn es gehört zu seinem Gottsein dazu.[5]

Zum Nilhymnus

Die „Hymne an die Nilüberschwemmung" mit dem Titel „Hapi anbeten" oder „lobpreisen" (*dw3 Hʿpj*) besteht - je nach Lesart - aus 136 oder 138 Versen, die sich auf 14 unterschiedlich lange Strophen verteilen. Überliefert ist dieser große Nilhymnus, der Hapi - die Nilflut - in all ihren Aspekten preist, in längeren und kürzeren Auszügen auf vier Papyri, zwei Schreibtafeln, auf über 70 Ostraka und als Graffito in einem Gaufürstengrab in Assiut.[6]

Den Nil anbeten.

I

Sei gegrüßt, Nil,
hervorgegangen aus der Erde,
gekommen, um Ägypten am Leben zu erhalten!
Verborgener, der Finsternis herauführt am Tage,
(5) Schleim Oberägyptens, der die Sümpfe tränkt,
von Re erschaffen, um alle Durstigen zu beleben.
Der auch die Bergländer sättigt, die fern vom Wasser sind
- sein Tau nämlich, der vom Himmel herabkommt -,
der Geliebte des Geb, der den Korngott leitet,
(10) der die Werkstatt des Ptah gedeihen läßt.

II

Herr der Fische, der die Zugvögel stromauf ziehen läßt
- kein Vogel kommt zurück außerhalb der Frist -,
der Gerste schafft und Emmer entstehen läßt, auf daß er die Tempel festlich ausstatte.
Wenn er faul ist, dann werden die Nasen verstopft, und jedermann verarmt.
(15) Schmälert man aber die Opferbrote der Götter,
dann gehen Millionen zugrund unter den Menschen.

---

[5] Carl Heinz Ratschow, in: FS Hans Erich Stier, 1972, 405f

[6] Informationen zu diesem Grab mit der Bezeichnung N13.1: ULR: http://www.aegyptologie-altorientalistik.uni-mainz.de/326.php

III

Wenn er habgierig ist, ist das ganze Land krank,
Große und Kleine wandern;
Bei seinem Nahen aber strömen die Menschen zusammen
(20) (Und rufen:) „Chnum hat ihn gebaut!"
Wenn er steigt, dann ist das Land in Jubel,
dann ist jeder Bauch in Freude.
Jeder Kiefer bricht in Lachen aus, jeder Zahn ist entblößt.

IV

Der Nahrung bringt, reich an Speisen, Schöpfer alles Gereiften;
(25) Herr der Hoheit, mit süßem Duft,
Gnadenreicher, wenn er kommt.
Der den Herden das Futterkraut hervorbringt,
der jedem Gott Schlachtopfer zukommen läßt.
Er ist in der Unterwelt, aber Himmel und Erde gehorchen ihm:
(30) der die Macht ergreift über die beiden Länder, der die Speicher füllt und die Scheunen
weit macht,
der den Armen Besitz gibt.

V

Der Bäume wachsen lässt an jeder Schöpfstelle – an der es keinen Mangel hat -,
der das Schiff hervorbringt durch seine Kraft
- aus Stein kann man nicht zimmern -;
(35) der die Berge in Besitz nimmt mit seinem Regen, ohne gesehen zu werden,
der Arbeit tut, ohne angewiesen zu werden.
Aufgezogen im geheimen, man weiß nicht wo,
niemand findet sein Quelloch in den Büchern.

VI

Der über die Hügel fährt und keinen Deich hat,
(40) [der ...], und dessen Wille nicht gelenkt werden kann.
Generationen seiner Kinder folgen ihm,
man begrüßt ihn als einen König.
Beständig an Regeln, der kommt zu seiner Zeit,
Ober- und Unterägypten zu füllen.
(45) Wenn man Wasser trinkt, ist jedes Auge auf ihn gerichtet,
der seine guten Dinge im Übermaß gibt.

VII

Wer traurig war, geht froh heraus,
alle Herzen freuen sich.
Sobek lacht, der Sohn der Flut,
(50) die Neunheit, die um ihn ist, ist geheiligt.
Erbrechen, das über die Felder fährt und die Menschheit salbt,
der den einen reich, den anderen arm macht, ohne daß man mit ihm rechten kann,
der Frieden schafft, ohne daß man sich auflehnen kann,
einer, dem keine Grenzen gesetzt werden können.

VIII

(55) *Lichtspender, der aus der Finsternis kommt*
im Fett des Viehs.
Seine Kraft ist jegliches Erzeugnis,
es gibt keinen Bezirk, der ohne ihn leben könnte.
Der die Menschen kleidet mit dem Flachs, den er geschaffen hat,
(60) *der den Webergott seine Erzeugnisse herstellen läßt*
und den Salbengott sein Öl,
Ptah zimmert mit seinem Speichel.
Alle Erzeugnisse werden aus ihm hervorgebracht;
(selbst) alle Bücher von Hieroglyphen:
(65) *(denn) er versorgt mit Papyrus.*

IX

Der eindringt in die Tiefe
und herauskommt aus der Höhe,
Aufschließender, der aus dem Geheimen kommt.
Der schwer lastet, und es werden wenig die Menschen,
(70) *die „Trauer des Jahres" hat sie getötet.*
Man erblickt Theben als Sumpfgebiet,
jedermann legt seine Geräte nieder.
Es gibt keine Stricke für das Schiffstau,
keine Kleider, sich zu kleiden, keiner schmückt die Kinder der Vornehmen;
(75) *es gibt keine Augenschminke, die Haare fallen aus, wenn er fehlt,*
denn niemand kann sich salben.

X

Der die Maat festigt in den Herzen der Menschen:
(denn) sie sprechen Lüge, nachdem sie arm geworden sind.
Der sich vermischt mit dem Ozean,
(80) *der den Korngott nicht leitet*
(und) den (doch) alle Götter verehren,
der bewirkt, daß sich die Vögel auf der Wüste niederlassen.
Niemand „schlägt seine Hand" (?) in Gold,
kein Mensch wird von Silber trunken,
echten Lapislazuli kann man nicht essen –
(85) *Gerste (aber) ist die Grundlage der Gesundheit.*

XI

Man stimmt dir ein Lied auf der Harfe an,
man singt dir mit Handzeichen;
Generationen deiner Kinder jubeln dir zu,
man rüstet dir ein Fest aus.
(90) *Der mit Kostbarkeiten kommt und die Köpfe schmückt,*
der die Hautfarbe der Menschen frisch macht,
der die Herzen belebt in den Schwangeren,
der die Fülle liebt von jeglichem Vieh.

XII

Wenn er steigt bei der Stadt des Hungers,
(95) dann sättigen sie sich an den Gaben der Felder,
den Krug am Mund,
Lotosblumen an der Nase;
alles Gute fließt über auf Erden.
Alle Kräuter sind in der Hand seiner Kinder,
(100) nachdem sie (schon) vergessen hatten zu essen.
Das Gute liegt verstreut auf den Straßen,
das ganze Land hüpft.

XIII

Fließe, Nil! Man opfert dir,
man schlachtet dir Rinder,
(105) man bringt dir große Opfer dar.
Man mästet dir Vögel
Und fängt dir Gazellen in der Wüste,
man vergilt dir die Wohltaten.
Man opfert jedem Gott von dem, was der Nil geschaffen hat:
(110) Weihrauch, Feinöl,
Langhornrinder, Kurzhornrinder,
Vögel als Brandopfer,
gemacht vom Nil in seiner südlichen Höhle,
dessen Namen keiner kennt in der Unterwelt,
(105) in dessen Gestalt kein Gott je erscheinen kann.

XIV

Ihr Menschen, die Ihr die Neunheit erhebt,
fürchtet Euch vor seiner Hoheit!
Handelt für seinen Sohn,
den Allherrn, der die beiden Länder gedeihen läßt!
(120) Auf, Verborgener! Auf, Verborgener!
Nil, auf, Verborgener!
Komm nach Ägypten,
laß seine Gesetze entstehen, die beiden Ufer gedeihen!
Auf, Verborgener! Auf, Verborgener!
(125) Nil, auf, Verborgener!
Der Menschen und Tiere am Leben erhält
mit seinen Gaben des Feldes!
Auf, Verborgener, auf, Verborgener!
Nil, auf, Verborgener!
(Übersetzung: Assmann, ÄGH, 500ff)

6

Zur Interpretation des Nilhymnus

Es gibt zwei grundsätzlich gegenteilige Interpretationen des Nilhymnus. Die eine geht davon aus, dass es sich bei dem Hymnus um einen literarischen „Klassiker" aus dem Mittleren Reich handelt, der in ramessidischer Zeit in den Schreiberschulen als Übungstext Verwendung fand. Dabei sei der Grundtext in verschiedene kürzere und längere Fassungen gebracht worden. Der Verfasser des großen Nilhymnus war - so wird vermutet - der Dichter Cheti, dem zudem auch die „Lehre des Cheti, Sohnes des Duauf" und die „Lehre Amenemhets I. für seinen Sohn" zugeschrieben wird.

Die andere Interpretation geht nicht nur von einem großen Nilhymnus, sondern von insgesamt sechs verschiedenen Nilhymnen aus. Sie stammen nach dieser Interpretation alle aus dem Neuen Reich und gehen also keineswegs auf den Dichter Cheti zurück. Die Hymnen werden nicht als literarische Texte, sondern als liturgische (Sprech-)Gesänge gedeutet, denen während des regelmäßig stattfindenden Nilfestes - dem Fest der Nilflut (*hb pn Hꜥpj*) - eine wesentliche Rolle zukam. Der Nilhymnus wird also als religiöser Gebrauchstext interpretiert, was der - v.a. in der deutschen Ägyptologie - etablierten Meinung widerspricht.

Zunächst soll die ersterwähnte Interpretation vorgestellt werden: Nach Jan Assmann beschreiben die Strophen I bis X des großen Hymnus das Wesen des Gottes Hapi und variieren in drei Themen die Grundthese „Alles lebt vom Nil".[7] Das erste Thema ist der Nil als „Spender der Fülle". Die ersten sechs Strophen entwerfen dabei das „Bild des Nils als einer Personifikation der Fruchtbarkeit". In den nächsten vier Strophen wird nämlich gezeigt, „daß auch solche Güter dem Nil verdankt werden, die man nicht ohne weiteres als seine Gaben erkennt", wie z.B. das Licht, „weil man die Lampen aus dem Fett der Tiere macht, die ohne den Nil nicht leben könnten"; und „selbst die Gerechtigkeit hängt vom Nil ab, denn sie setzt Wohlstand voraus". Das zweite Thema der ersten zehn Strophen ist, so Assmann, die „Verborgenheit des Gottes, sein geheimnisvolles Wesen, die Unerforschlichkeit seines Ursprungs". Ein drittes Thema ist das „zwielichte Wesen des Gottes, von dem Leben und Tod ausgehen, da er seine Gaben sowohl in Fülle gewähren, als auch vorenthalten kann". Dabei sind die verwendeten Gottesprädikate wie faul sein oder habgierig sein für eine Hymne ungewöhnlich. Die negativen Konsequenzen, die auf diese Prädikate sich beziehend im Hymnus beschrieben werden, bezeichnet Assmann als „Machterweis ex negativo" und meint: „Gerade in der Abwesenheit des Gottes in seiner lebenspendenden Form zeigt sich die fundamentale Angewiesenheit alles Lebens auf ihn. Mit seinem wandelbaren Verhalten wandeln sich die Menschen: sie sind arm und reich, betrübt und froh, gerecht und gesetzlos, fleißig und untätig, gesalbt und gekleidet oder nackt, kahlköpfig und ungepflegt, zahlreich oder wenige, je nach der wechselnden Erscheinung des Gottes".[8]

Die Strophen XI bis XIII schildern wie Hapi, die Nilüberschwemmung, von den Menschen empfangen wird. Die letzte Strophe allerdings nimmt eine loyalistische Wendung, so

---

7 Jan Assmann, in: Lexikon der Ägyptologie, IV, 1982, 489ff

[8] In diesem Zusammenhang verweist Assmann (ÄHG, 59) auf die Amarna-Hymnen, in denen die Abwesenheit Gottes beschrieben wird als „belebende Macht ex negativo", die sich in Tod, Erstarrung, Unordnung und Blindheit manifestiere.

Assmann. Die Menschen werden aufgefordert, „für den König, den Sohn des Nils, tätig zu sein". Und es ist gerade diese „Aufforderung zum Loyalismus", die nach Assmann den Nilhymnus als literarischen Text ausweist - und eben nicht als religiösen Gebrauchstext.[9]

Der Nilhymnus ist kein echter Hymnus, denn er ist, so Assmann, „absolut unmythisch oder genauer un-götterweltlich". Es geht in dem Text „um die existenzielle Grund-Angewiesenheit der menschlichen Gesellschaft in allen ihren Lebensbereichen, vom Ackerbau bis zur Literatur, vom Handwerk bis zu Gesetz und Ordnung, auf das segensreiche Wirken des Nils". Und aus dieser Einsicht „folgt nicht etwa nur die Dankbarkeit gegenüber dem Gott, sondern die Aufforderung zu aktiver Loyalität für den König". Jan Assmann meint, diese „loyalistische Tendenz" sei kennzeichnend für die Literatur des Mittleren Reiches. Und weiter: „Hier ist der literargeschichtliche Ort dieses Textes, der nicht in die Sphäre des religiösen, sondern des weisheitlichen Diskurses gehört, dem es um die conditio humana und ihr von göttlichen Kräften Umgriffensein geht. Man möchte ihn eine ‚Naturlehre in Hymnenform' nennen, ein literarisches Werk, das die Form des kultischen Hymnus als ‚Ausgangstyp' benutzt".

Eine ganz andere Interpretation des Textes liefert Dirk van der Plas, der von sechs verschiedenen Nilhymnen ausgeht.[10] Neben dem großen Nilhymnus sind noch fünf kürzere Varianten überliefert, so van der Plas. Seiner Meinung nach stammen alle Nilhymnen aus dem Neuen Reich; nicht nur weil sie den Amarna-Hymnen ähnlich sind, sondern auch aus dem einfachen Grund, weil alle bekannten Manuskripte sicher in die Ramessidenzeit datieren.[11]

Dirk van der Plas unterteilt den großen Nilhymnus in drei Teile. Der erste Teil (I-X) reflektiert danach reale Erfahrungen der Menschen mit der Nilflut. Der Hymnus beschreibt den Verlauf der Nilflut beginnend in Elephantine (I,2), über das Fayum (VII,3) und Heliopolis (VIII,2) sich fortsetzend bis zum Mittelmeer (X,3). Dabei wird die zu niedrige (II,5-III,2) und die zu hohe Nilflut (IX,1-9) in ihren verheerenden Auswirkungen beschrieben. Hapi wird in diesem ersten Teil in der Person des Königs empfangen (VI), als dämonischer Herrscher, der reich und arm macht (VII,6). Der zweite Teil (XI-XII) beschreibt die festlichen Handlungen zum „zeremoniellen Empfang des Königs in seiner Rolle als Hapi". Und die beiden Strophen des letzten Teils interpretiert er als Gebet an Hapi mit der Bitte zu kommen. Dafür werden Opfer dargebracht (XIII). Der Schluss (XIV) ist für van der Plas nicht etwa ein Aufruf zur Treue zum König, sondern ein Aufruf, die Kulthandlungen für den König, den „Sohn des Hapi", zu vollziehen, um das Kommen der Nilflut rituell herbei zu zwingen und zu begleiten.

Van der Plas hält den Nilhymnus für einen liturgischen Text, einen religiösen Sprechgesang, dem während der Nilfeste, bei denen Hapi sich im König personifizierte, eine wichtige Rolle zukam. Zusammen mit den Opferlisten machten die Nilhymnen den Hauptinhalt der „Bücher von Hapi" aus, die - so ist es seit der Ramessidenzeit belegt - während dieser Festivitäten in

---

9 S.a. Emma Brunner-Traut, Pharaonische Lebensweisheit, 1992, 49; Miriam Lichtheim, Ancient Egyptian Literature, I, 1973, 205; Hellmut Brunner, Grundzüge einer Geschichte der altägyptischen Literatur, 1986, 46

[10] Dirk van der Plas, in: The Oxford Encyclopedia of Ancient Egypt, II, 2001, 143ff

[11] Auch die Nilstelen bei Gebel es-Silsilah mit ihren hymnischen Preisungen Hapis datieren in die 19. und 20. Dynastie (s. Martin Bommas, in: H. Guksch/E. Hoffmann/M. Bommas, Grab und Totenkult im Alten Ägypten, 2003, 90).

Gebel es-Silsilah, neben Elephantine einer der beiden Hauptkultorte der Nilüberschwemmung, dem Fluss rituell übergeben wurden. Der Nilhymnus war also mehr als nur ein Text; er wirkte, auf Papyrus geschrieben und dem Gott dargereicht, magisch.

Kulthymnus oder „schöne Literatur"?

Meiner Meinung nach spricht alles dafür, dass es sich bei dem großen Nilhymnus um einen Kulthymnus aus dem Neuen Reich handelt und die Interpretation von Dirk van der Plas zutrifft. Um diese Behauptung zu untermauern, halte ich mich an die Ausführungen von Carsten Knigge Salis.[12]

Zunächst einmal muss erwähnt werden, dass Hymnen der Kommunikation des Menschen mit Gottheiten dienen, der Sprecher eines Hymnus bleibt dabei anonym. Zumeist beschränkt sich der Text auf das Lob einer Gottheit, einer vergöttlichten Person oder eines Königs. Allerdings findet man gelegentlich auch Klagen, Bitten oder Dank ausgedrückt. Einen altägyptischen Begriff für „Hymnus" gibt es nicht, dafür aber „Signalwörter", die einen Hymnus einleiten. So steht *dw3* (lobpreisen, anbeten, verehren) am Anfang eines Hymnus, danach folgt ein „Sei gegrüßt" oder „Preis sei Dir" - so wie es auch bei dem Nilhymnus der Fall ist. Bestimmendes Thema der Götterhymnen, so Carsten Knigge Salis, ist die Wirksamkeit der angesprochenen Gottheit als Schöpfer-, Sonnen- und Lebensgott. Knigge Salis schreibt: „Wirkliche Kulthymnen, die sich ausweislich ihrer erhaltenden Form als in einen liturgischen Ablauf verwendet einstufen lassen, sind in Ägypten nur wenige überliefert. Trotz seiner rhetorischen und stilistischen Gestaltung, die ihm das irreführende Attribut ‚literarisch' eingebracht hat, muss der Nilhymnus unbedingt als kultischer Text betrachtet werden".

Carsten Knigge Salis stellt „Bildungsliteratur", „edukative Literatur" und „Wissensliteratur" unter den Oberbegriff „enzyklopädische Texte". Darunter fallen wissenschaftliche, weisheitliche und auch poetische Texte. Er schreibt: „Auch die Gruppe der ‚literarisch' bezeichneten Hymnen des Neuen Reiches müssen zumindest in ihrer sekundären Funktion als enzyklopädisch, da nun der Ausbildung dienende Texte angesehen werden. Die hymnischen Textfragmente, die im Zusammenhang mit Schultexten und Alltagsurkunden überliefert sind, müssen ebenfalls als enzyklopädisch bezeichnet werden". Der Nilhymnus war also aufgrund seines „enzyklopädischen" Inhalts ein in den Schulen beliebter und oft verwendeter Text; er muss nicht zwangsläufig der „schönen Literatur" zugeordnet werden, nur weil er zu Übungszwecken genutzt wurde.

Jan Assmanns Deutung, der Nilhymnus sei ein Werk des Dichters Cheti, stamme aus dem Mittleren Reich und zähle zur „schönen Literatur", ist m.E. nicht überzeugend. Er meint, es gebe „innere Gründe", die dies belegen. So wurde der Nilhymnus mehrfach zusammen mit der „Lehre des Cheti, Sohnes des Duauf" und der „Lehre Amenemhets I. für seinen Sohn" aufgezeichnet, die beide dem Dichter Cheti zugeschrieben werden. Es ist aber nicht so, dass

---

[12] Carsten Knigge Salis, Hymnen und Gebete in Ägypten, 2007. Dieser Text findet sich im Internet unter www.wibilex.de (Das wissenschaftliche Bibellexikon im Internet).

diese Zuschreibungen als gesichert gelten können.[13] Außerdem hätte es keinen regelmäßigen Kult für Hapi gegeben, so dass sich aus diesem Grund die Existenz eines Kulthymnus erübrigt hätte.[14] Um Hapi zu verehren, ist aber kein Tempel notwendig. Hapi ist als personifizierte Nilüberschwemmung eine göttliche Kraft, die direkt am Fluss verehrt werden kann. Der Nil und seine heiligen Orte, die sich in der Nähe außergewöhnlicher geographischer Gegebenheiten - bei den Stromschnellen bei Elephantine und bei der felsigen Verengung bei Gebel es-Silsilah - befinden, bieten einen besonderen räumlichen Zugang zur Gottheit. In Gebel es-Silsilah staute sich die Nilflut in die Höhe und ähnlich wie in Elephantine war hier die Nähe des Nils - genauer gesagt Hapis, der Nilüberschwemmung, - „unmittelbar kultisch erfahrbar", so Martin Bommas.[15] Es ist sicher, dass es einen regelmäßigen Kult für Hapi gab - aber an der Jahreszeit bzw. am Wasserstand des Nils festgemacht und nicht rund um die Uhr in einem ihm geweihten Tempel. So wurden Rituale vollzogen, wenn das Wasser den niedrigsten Stand erreicht hatte, es gab welche bei der Ankunft der Nilflut und vermutlich noch zu vielen weiteren Anlässen.

Assmann fragt nach der Aufzeichnungsfunktion eines religiösen Textes und unterscheidet drei Hauptfunktionen: Speicherung, Verewigung und Veröffentlichung des schriftlich fixierten Textes.[16] Auch der Anbringungsort eines religiösen Testes ist bedeutungshaltig, so Assmann, der z.B. auf Kultszenen im Tempel verweist, die meist in möglichster Nähe zu dem Ort stehen, an dem sie real vollzogen wurden. Wenn es aber keinen Tempel gibt, in dem der Hymnus hätte aufgezeichnet werden können, der Text stattdessen auf Papyrus geschrieben Hapi direkt in den Fluss dargebracht wurde, welche Aussage kann Assmann dann zum Nilhymnus als religiösen Text treffen? Eigentlich keine, denn er schreibt: „Wir können über die Existenz solcher Formen der Anbetung, mit denen keine Aufzeichnungsabsicht verbunden war, nichts Verbindliches sagen". Dieser Theorie zur Folge kann der Nilhymnus kein Kulthymnus sein, da Anbetungen entweder in einem religiösen Kontext und mit einer bestimmten Funktion dauerhaft schriftlich fixiert oder aber gar nicht aufgezeichnet wurden. Auf keinen Fall aber können sie nach dieser Theorie lediglich als Schultexte überliefert sein. Packt man die theoretischen Überlegungen aber zur Seite, dann kann zum Nilhymnus und seiner Darbringung m.E. klar festgestellt werden: direktere Kommunikation mit der Gottheit und mehr Nähe geht nicht.

Die von Dirk van der Plas erwähnten weiteren, neben dem großen Nilhymnus existenten Nilhymnen, hält Jan Assmann lediglich für „Nachahmungen des einen berühmten Nilhymnus". Des Weiteren meint Assmann, dass der Nilhymnus die Hymnen des Mittleren Reiches als formale Vorbilder hatte, doch spricht er dem Text aufgrund seines „unmythischen und un-götterweltlichen" Inhalts ab, ein Hymnus zu sein. Er meint, es gehe im Nilhymnus

---

[13] Die Autorenschaft Chetis ist für keine der Lehren gesichert. So wird z.B. für die Lehre Amenemhets I. diskutiert, ob sie Cheti zugeschrieben wurde, weil es im Interesse der Ramessidenzeit lag, „die Vergangenheit in großen Namen zu personifizieren" oder ob sie einfach „wegen ihrer Beliebtheit zum Werk Chetis gerechnet wurde" (Alexa F. Wilke, Kronerben der Weisheit, 2006, 33, Anm. 136); s.a. G. Burkard/H. J. Thissen, Einführung in die altägyptische Literaturgeschichte, I, 2003, 205ff und 165.

[14] Hapi wird schon in den Pyramidentexten (581) und in den Sargtexten (317-321) gepriesen. Nilhymnen als Kulthymnen können also durchaus existiert haben und mündlich überliefert worden sein, ehe sie im Neuen Reich zu Übungszwecken aufgezeichnet wurden.

[15] Bommas, Grab und Totenkult, 97

[16] Assmann, ÄHG, 10

nicht um den Nil als Gottheit, sondern um den Nil als kosmisches Naturelement. Insofern handle es sich bei dem Nilhymnus um „eine Art Naturphilosophie in Hymnenform" und eben nicht um einen Götterhymnus. Nach der Interpretation von van der Plas trifft diese Aussage aber nicht zu, denn nach seinem Verständnis wird im ersten Teil Hapi angesprochen, der in der Person des Königs erscheint. Im zweiten Teil wird der König angesprochen, der als Hapi erscheint und im letzten Teil ist der König als Sohn des Hapi gemeint. Die götterweltliche Ebene ist also gegeben, es kommt eben auf die Deutung an. So kann auch die so oft zitierte „Wendung" am Ende des Nilhymnus hin zum „Loyalismus" wie Dirk van der Plas gezeigt hat, ganz anders interpretiert werden. Wenn man wie er den Nilhymnus als ein zu einem Ritual gehörigen liturgischen Text deutet, dann existiert diese Wendung nicht.[17] Und zieht man - nebenbei bemerkt - die Beschreibung Hans Bonnets in Betracht, der Hapi für einen „Sondergott" hält, weil er „nichts anderes als eine Personifikation des Stromes ist" und auch „einer festen Stellung im Pantheon entbehrt",[18] dann ist es nicht überraschend, wenn die Lobpreisung seiner Wirkkräfte eine Sonderstellung unter den Götterhymnen einnimmt - und nicht ganz der ägyptologischen Theorie entspricht.

Das Fest der Nilflut und Schluss

„Spätestens seit dem Mittleren Reich wird das Kommen des Nil in Elephantine mit ausführlichen Festriten begangen, die sowohl in der Dekoration des unter Sesostris I. für Satet gebauten Tempels als auch in den umliegenden Kultbauten einen Widerhall finden".[19] Eine Inschrift berichtet vom Kommen des Nil (*jj Hˁpj*), was darauf hinweist, dass hier die Ankunft der Nilflut dramatisch inszeniert wurde: Rinnsteine führten das Nilwasser in den Tempel, in dem sich die Priester dann reinigten und die Rituale vollzogen, die im Nilhymnus beschrieben werden, so Martin Bommas. Diese „feierliche Begegnung mit der Nilflut und ihre Bewillkommnung war ein politisches Ereignis ersten Ranges", bei dem der König selbst zugegen war, wie mehrere Belege zeigen.[20] Der König wurde nicht vom Hohepriester vertreten, wie dies bei anderen kultischen Angelegenheiten normalerweise der Fall war.

Es spricht m.E. also nichts dagegen, den großen Nilhymnus als kultischen Text um Hapi, verkörpert im König, zu deuten. Der große Nilhymnus als Kulthymnus ist, wie Dirk van der Plas schreibt, im Kontext der Nilfeste zu sehen - ebenso wie alle anderen Nilhymnen auch.

---

[17] Allerdings würde diese Wendung hin zum Loyalismus und die dann mögliche Interpretation des Nilhymnus als literarisch, eine - nicht notwendigerweise existente, aber ägyptologisch interessante und mittlerweile relevante - Lücke schließen zwischen dem pragmatischen Loyalismus des Mittleren Reiches und seiner religiösen Ausweitung während der Amarna-Zeit. Vgl. Assmann, Theologie und Weisheit, 137ff; vgl. a. Burkard/Thissen, Literaturgeschichte, I, 177.

[18] Hans Bonnet, Reallexikon der ägyptischen Religionsgeschichte, 1971, 525

[19] Bommas, Grab und Totenkult, 93

[20] Bommas, Grab und Totenkult, 95